3.-6. Schuljahr

Andrea Schnepp

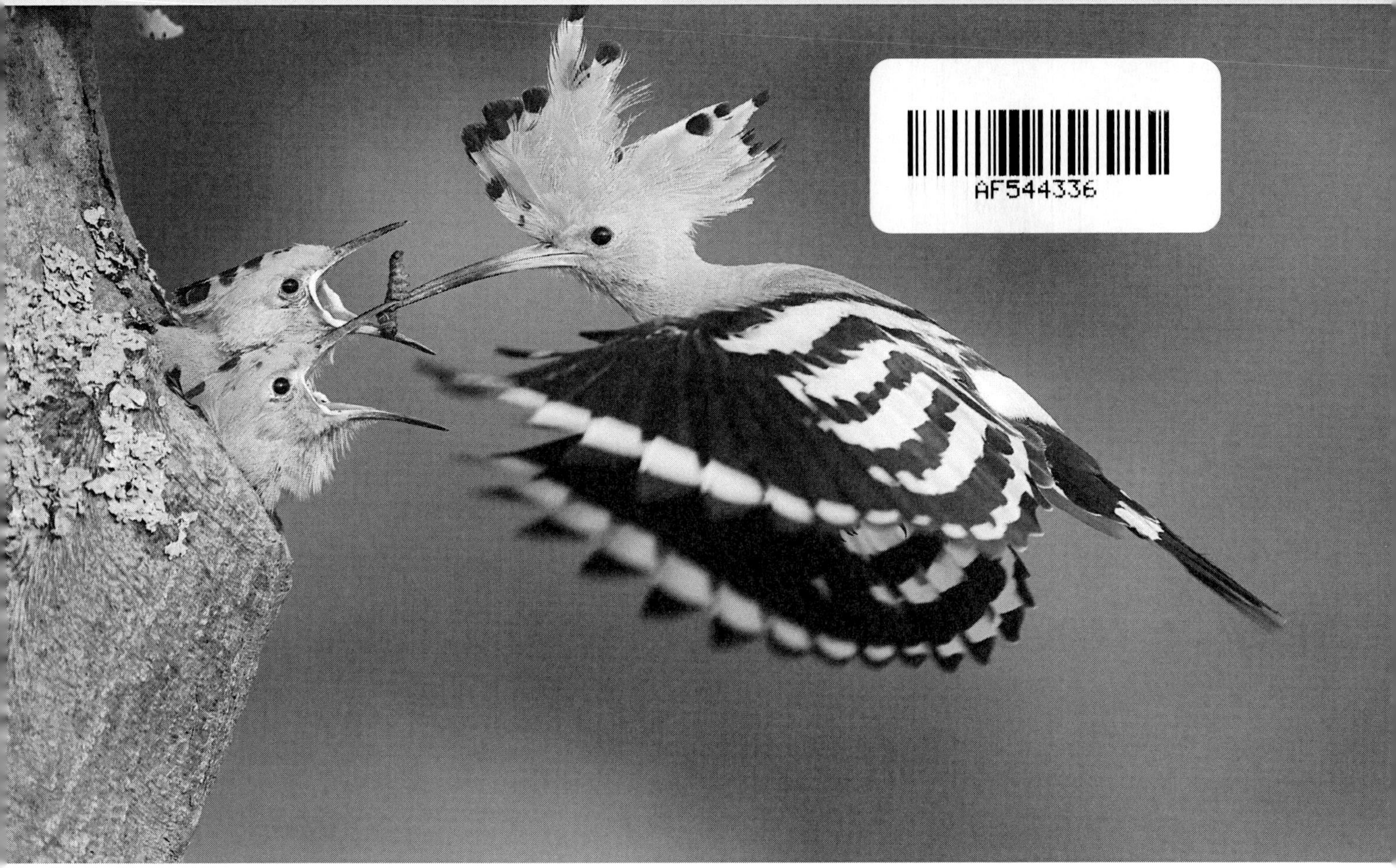

Lernwerkstatt Tiere und der Klimawandel

Die teils drastischen Folgen der Klimaveränderung durch Geschichten kindgerecht vermittelt

www.kohlverlag.de

Lernwerkstatt Tiere und Klimawandel

Geschichten und Arbeitsblätter

2. Auflage 2021

Inhalt: Andrea Schnepp
Redaktion: Kohl-Verlag
Zeichnungen „Fuchsmaske“ und „Wiedehopf (Fingervogel)“:
mit freundlicher Genehmigung von Laura Höring (S. 36/37)
Grafik & Satz: Kohl-Verlag
Druck: farbo prepress GmbH, Köln

Bestell-Nr. 12 592

ISBN: 978-3-96624-286-8

Bildquellen © AdobeStock.com

S. 3-44: santia3; **S. 6:** Steve Byland, Yury Zap, creativenature.nl; **S. 7:** alan1951, Naturecolors; **S. 8:** sergio; **S. 9:** diego cottino; **S. 10:** fotomaster; **S. 11:** tunedin, santia3; **S. 12:** Hein Nouwens, Memoangeles; **S. 13:** Delphotostock, fafarumba; **S. 14:** Eric Isselée (2x); **S. 15:** cynoclub, tomr, Tatiana; **S. 16:** lexashka, Hajarimanitra; **S. 17:** mikrograul, Yury Zap; **S. 18:** K.-U. Häßler, Naturecolors, creativenature.nl; **S. 19:** blueringmedia, Lakshmi, K.-U. Häßler; **S. 20:** JAH, Nychytalyuk, haiderose; **S. 21:** Vladimir, Simun Ascic; **S. 22:** Steve Byland, tomr; **S. 23:** zizar2002, graphiceat, Robin; **S. 24:** Naturecolors; **S. 25:** alan1951; **S. 26:** kapona, Naturecolors; **S. 27:** alan1951; **S. 28:** daniele, mirkograul; **S. 29:** Igor Zakowski, Lorelyn Medina; **S. 30:** Roman Milert, bluedesign; **S. 31:** Pav-Pro Photography, Dirk, bekirevren; **S. 32:** MIKE RICHTER, kv_san, val_iva; **S. 33:** Alex Bascuas, diego cottina, Alexey Seafarer; **S. 34:** ksenyasavva; **S. 35:** ksenyasavva;

Inhalt

Vorwort

Liebe Kolleginnen und Kollegen,

nicht zuletzt seit „Fridays for future" ist der Klimawandel in aller Munde. Dass die Erderwärmung so langsam den Lebensraum der Eisbären zerstört, ist bekannt.

Was aber bedeutet der Klimawandel für die Wildtiere in unserer gemäßigten Zone?

Warum braucht das Hermelin im Winter als Tarnung noch ein weißes Fell, wenn es kaum noch schneit? Was geschieht mit den kleinen Fledermäusen, wenn in ihrer Wochenstube sommerliche Temperaturen über 40 Grad Celsius herrschen? Fliegen die Zugvögel eigentlich noch in den Süden oder überwintern sie schon in unserer Region?

Diese und ähnliche Fragen werden in dem Heft immer wieder gestellt. Die Antworten darauf erhalten wir vielleicht erst in ein paar Jahren oder Jahrzehnten.

Der Einsatz des Heftes ist vielfältig:

– für den Deutschunterricht als Lesestoff mit interessanten und lehrreichen Informationen,
– für den Sachunterricht,
– als Projektarbeit,
– zum Stationenlernen und/oder für die Freiarbeit.

Passende Arbeitsblätter vervollständigen bei jedem Jahreszeitenkapitel das Angebot. Für einige Tierarten werden zusätzliche Mal- und Bastelarbeiten angeboten.

Erfolgreiches Lernen und viel Freude beim Einsatz dieser Lernwerkstatt wünschen Ihnen das Kohl-Verlagsteam und

Andrea Schnepp

Methodisch-didaktische Überlegungen

Die kurzen Geschichten dienen als Einstieg ins jeweilige Thema. Sie sind kindgerecht erzählt und haben trotzdem einen wahren Hintergrund.

Es gibt verschiedene Möglichkeiten, die Geschichten in den Unterricht mit einzubeziehen:

a) Als Unterrichtseinstieg wird der Text vom Lehrer vorgelesen.

b) Die Kinder bekommen Kopien vom Text und steigen selbst durch das Lesen in das Sachunterrichtsthema ein.

c) Die Texte werden im Deutschunterricht gelesen. Die Kinder stellen sich gegenseitig Fragen zum Text, markieren wichtige Stellen und fassen die Geschichten mit eigenen Worten zusammen.

d) Mithilfe der Bastelangebote können Teile der Geschichte szenisch nachgespielt werden. Es dürfen auch Fortsetzungen erfunden werden.

Sachinfos über den Klimawandel

Der Klimawandel ist zurzeit in aller Munde. Jugendliche gehen freitags auf die Straße, um fürs Klima zu streiken. Regional treffen sich Mitglieder des NABU mit Vertretern von der Fridays für Future-Gruppe. Überregional gibt es Welt-Klimakonferenzen, bei denen Experten die möglichen Folgen des Klimawandels beschreiben. Sie warnen vor „Veränderungen mit unumkehrbaren Folgen", wie z.B. ein nicht mehr zu stoppendes Schmelzen der Polkappen. Was aber passiert mit den Tieren in unserem (bisher) gemäßigten Klima?

Laut Experten hat sich die Lufttemperatur in den letzten 140 Jahren um durchschnittlich 1,5 Grad erhöht, wobei diese Erhöhung prozentual immer stärker zunimmt. Aber es gibt in Zukunft nicht nur mehr heiße Sommertage und dadurch extreme Hitzeperioden. Weitere Folgen sind mehr Stürme, Starkregen und Hochwasser.

Die Kapitel

Kapitel I – Frühlingsgeschichten

Laut einer Klimastudie ist die Zukunft vor allem für Europas Vogelwelt ungewiss. Während sich für einige das Risiko erhöht, auszusterben, verändern andere ihr Brut- und Zugverhalten. Einige Arten, die die Wärme lieben – z.B. Wiedehopf, Zwergohreule, Bienenfresser – breiten sich in Richtung Norden aus. In einigen Jahrzehnten könnten sie möglicherweise in vielen Teilen Deutschlands vorkommen.

Bei der ersten Geschichte geht es um den Wiedehopf, der sich wie oben erwähnt immer weiter zum Norden hin orientiert. Endlich hat das Vogelweibchen seine vier Jungen ausgebrütet. Während es auf Futtersuche geht, nähert sich ein Fuchs dem niedrigen Einflugloch. Das laute Fiepen der um Futter bettelnden Jungvögel hat ihn angelockt. Die Küken wittern die Gefahr. Schon steckt der Fuchs seine Schnauze durch das Loch. Doch die Kleinen können sich wehren! Zur Verteidigung können sie ein übelriechendes Sekret ausstoßen. Sie wenden ihre Bürzel in Richtung der drohenden Gefahr. Mit großem Druck stoßen sie dann dünnflüssigen Kot in Verbindung mit dem stinkenden Sekret aus. In der Vogelwelt ist dies eine einzigartige Waffe – und der Fuchs ergreift die Flucht. Genauso eine Szene kann man schön in dem Film „Die Rückkehr des Wiedehopfs" beobachten.

Methodisch-didaktische Überlegungen

In einer zweiten Geschichte geht es um Starkregen und Hochwasser. Der kleine Maulwurf hat den Winter gut überstanden und freut sich aufs Frühjahr. Doch dann regnet es ohne Unterlass und das Wasser flutet seine unterirdischen Höhlen. Er droht zu ertrinken, doch seine vielen Gänge lassen ihn einen Ausweg finden. Nun braucht er nur noch eine neue Nestkammer für seine Jungen, denn die alte ist überschwemmt.

Kapitel II – Sommergeschichten

Die Anzahl der Sommertage mit Temperaturen über 30 Grad wird in Zukunft weiter ansteigen. Das hat Konsequenzen für Mensch und Tier. Laut Bundesumweltamt gab es 2015 in Deutschland wegen der Hitzeperiode schon 6000 Todesfälle mehr als sonst.

Auch die Tiere bekommen das zu spüren. So wie Hugo, die kleine Schwalbe. Um nicht in seinem Nest gebraten und gekocht zu werden, springt Hugo voller Panik heraus und landet unsanft auf dem Boden. Viele seiner Artgenossen überleben den heißen Sommer nicht. Doch Hugo hat Glück: Er wird von einer Tierarzthelferin gerettet! Sie päppelt ihn auf und lässt ihn im Herbst auf die Reise in den Süden ziehen.

In einem Info-Text geht es noch um andere Tiere, die unter heißen Sommern leiden. Auch Fledermäuse fallen oft der Hitze zum Opfer. Vor allem unter schwarzen Dachziegeln oder dunklem Kupferblech steigen die Temperaturen in der Wochenstube auf über 40 Grad Celsius, manchmal sogar auf über 60 Grad. Um nicht zu verbrennen, suchen die Jungtiere nach kühleren Bereichen und fallen aus ihrem Quartier heraus.

Kapitel III – Herbstgeschichten

Immer mehr Zugvögel fliegen nicht mehr so weit wie früher oder bleiben sogar ganzjährig bei uns. So auch ein klassischer Zugvogel – der Storch. Immer öfter machen sich nur die Jungen auf den beschwerlichen Weg in den Süden, während die Altvögel manchmal bei uns überwintern. Aktuell sind das bereits 30 Prozent der Population.

Ganz im Gegensatz dazu erscheint eine Geschichte von 1974. Die Schwalben wurden im Herbst vom plötzlichen Wintereinbruch überrascht. Daraufhin gab es eine spektakuläre Rettungsaktion vom NABU. Mit Flugzeugen wurden die Schwalben bis Südfrankreich oder Norditalien gebracht, und von dort aus flogen sie dann selbst weiter in ihre Winterquartiere.

Methodisch-didaktische Überlegungen

Kapitel IV – Wintergeschichten

Line Hermeline ist stolz auf ihr weißes Winterfell. Wie eine Königin sieht sie damit aus. Doch leider fällt in diesem Jahr kein Schnee. Somit ist ihre Tarnung nicht nur unnötig, sondern sogar hinderlich: Während die Mäuse sie schon von weitem sehen können und schnell abhauen, wird auch sie selbst gut gesehen. Beinahe erwischt sie eine Eule, doch zum Glück geht am Ende alles gut aus für Line Hermeline.

Kapitel V – Klimawandel und Klimaschutz

Das Bundesumweltamt gibt Tipps, wie man dem Klimawandel durch bestimmte Maßnahmen und durch Vorsorge begegnen sollte. Als Beispiele werden aufgeführt: Um- oder Andersgestaltung von städtischen Wohnprojekten, neue Pflanzenarten, Waldumbau, natürliche Strukturen von Gewässern erhalten bzw. wiederherstellen und zusätzliche Investitionen in den Küstenschutz fließen lassen.

Was aber kann der Einzelne tun? Wenn es auch nur ein Tropfen auf dem heißen Stein ist, so sollte jeder für sich selbst überlegen und entscheiden, wie er angesichts dieser massiven Veränderungen leben kann und will.

Kapitel I – Frühlingsgeschichten

Geschichte zum Einstieg

Stinkbomben

„Hunger, Hunger!“, fiepen die kleinen Wiedehopfe. Wo bleibt denn nur die Mama?

„Hunger!“, schreien sie wieder. Das hört auch der junge Fuchs. Er ist genauso hungrig. Er hat schon lange nichts mehr gefressen. Bei dem Gedanken an die zarten Vögelchen im Nest läuft ihm das Wasser im Mund zusammen. Den Nistkasten mit den lärmenden Vögeln findet er leicht. Geschmeidig schleicht er heran. Zuerst steckt er eine Pfote durch das Einflugloch. Dann späht er hinein.

„Hilfe, Hilfe!“, rufen jetzt die Wiedehopfe. Das größte Vögelchen hat eine Idee. „Alle Vögel umdrehen!“, ruft es. „Bürzel auf den Feind richten. Bei drei lasst ihr die Stinkbomben los. Eins, zwei... drei!“

Alle vier hören auf das Kommando. Sie schießen ihren Kot mit einem stinkenden Sekret auf den Fuchs. Der hält den scheußlichen Geruch nicht aus! Sofort lässt er von den Vögelchen ab und ergreift die Flucht. Dann muss er sich heute halt mit ein paar Regenwürmern und Beeren den Hunger vertreiben. Und die Vögelchen? Die freuen sich, dass endlich die Mama kommt und ihnen die Schnäbelchen mit ein paar fetten Raupen stopft.

Worterklärungen:

Bürzel – der „Po“ von Vögeln,
genauer gesagt die Schwanzwurzel

Sekret – zähe Flüssigkeit aus dem Körper

Aufgabe 1:

a) *In jedem Satz ist ein Wort zu viel. Streiche es durch!*

b) *Lies den verbesserten Text einem Partner vor.*

c) *Schreibe den verbesserten Text in dein Heft oder auf ein Blatt.*

Der Wiedehopf kann sich schlecht gut verteidigen. Er besitzt lacht eine Superwaffe. Bei Gefahr wendet der Siebenschläfer Wiedehopf seinen Bürzel in Richtung Feind. Mit großem Druck schießt liest er dünnflüssigen Kot und ein stinkendes Sekret aus der Bürzeldrüse. Die Stinkbombe kann einen Angreifer Traum bis zu einem Meter weit treffen. Viermal hintereinander Purzelbaum kann der Wiedehopf den Kot mit dem übel riechenden Sekret abfeuern.

Aufgabe 2: *Finde durch die Purzelwörter heraus, was auf dem Speiseplan des Wiedehopfs steht!*
Die Anfangsbuhstaben sind fett gedruckt.

Ä E **K** F R ______ L I N G E **E** N G E R ______

L L R **G** I E N ______ A U **R** P E N ______

N E **SCH** CK N E ______ N N **SP** E I N ______ W Ü **R** E R M E R G E N ______ S S L N **A** E ______

...und vor diesen Tieren muss sich der Wiedehopf in Acht nehmen!

B I CH T **H** A ______ M E **H** E R L I N ______ L K N E **F** A ______ R B E R **SP** E ______

T Z **K** A E N ______ E N **SCH** A L N G ______ E N **R** B A ______ M A R **ST** N EI D E R ______

Aufgabe 3: ***a)*** *Hier ist etwas durcheinander geraten!*
Schreibe die passenden Zahlen zu der zweiten Satzhälfte.
Lies dir den Text nun mit den richtigen Sätzen durch.
b) *Lerne den Text auswendig.*

1	Die Vogelwelt wird sich durch		im Süden von Deutschland.
2	Der Wiedehopf		immer mehr in Richtung Norden.
3	Deshalb blieb er früher stets		den Klimawandel verändern.
4	In den letzten Jahren zieht er		in ganz Deutschland.
5	Vielleicht brütet er irgendwann		liebt die Wärme.

Aufgabe 4: *Schlangensätze – Trenne die Wörter mit Strichen voneinander ab. Schreibe sie auf. Achte dabei auf die Groß- und Kleinschreibung und auf die Zeichensetzung!*

Über den Wiedehopf (Aussehen)

DERWIEDEHOPFISTEINZUGVOGELDERINAFRIKAÜBERWINTERTMÄNNCHEN
UNDWEIBCHENSEHENFASTGLEICHAUSDASWEIBCHENISTETWASGRÖSSER
UNDSCHWERERALSDASMÄNNCHENSEINSCHNABELISTLANGDÜNNUND
LEICHTNACHUNTENGEBOGENDASKÖRPERGEFIEDERISTHELLORANGEDIE
SCHWINGENUNDDERSCHWANZSINDSCHWARZ-WEISSGEBÄNDERTEIN
BESONDERSHÜBSCHESKENNZEICHENISTDERAUFRICHTBARE
KOPFSCHMUCKERISTEBENFALLSORANGEUNDANDENENDENSCHWARZ

„Der Wiedehopf, der Wiedehopf,
der bringt der Braut ´nen Blumentopf.

(Aus der „Vogelhochzeit“ – eines der bekanntesten deutschen Volkslieder)

Zweite Frühlingsgeschichte

Wasserschaden

Das Maulwurfsweibchen freut sich. Es hat den Winter gut überstanden. Einmal wäre es fast von einem Hermelin gefressen worden. Aber zum Glück ist das noch mal gut gegangen. Jetzt würden bald die kleinen Maulwürfe auf die Welt kommen. Dazu will das Weibchen eine gemütliche Nestkammer einrichten. Gras braucht es dafür. Und Laub, ganz viel Laub. Schön weich soll das Nest werden. Auf dem Weg nach draußen schnappt sich das Weibchen einen Regenwurm und schmatzt. Dann streckt es das Köpfchen aus dem Hügel. Tropf, tropf, tropf. Von oben fällt der Regen auf seinen Kopf herab. Immer stärker regnet es. Dann wird das Laub ebenfalls nass sein. Rasch zieht sich das Tierchen in die Gänge zurück und erwischt noch einen Regenwurm, der gerade nach draußen flüchten will. Doch was ist das? Es regnet jetzt so stark, dass Wasser von oben in die Gänge strömt. Die Nestkammer ist schon fast überflutet! Wie gut, dass die kleinen Maulwürfe noch nicht da sind. Das Weibchen schlägt einen Purzelbaum und läuft in die andere Richtung. Durch einen seiner vielen Gänge kann es sich nach draußen retten. Sobald der Regen aufhört, wird es eine bessere Nestkammer bauen. Diesmal weiter oben und so, dass das Wasser bei Regen abfließen kann.

Aufgabe 1: *Setze die passenden Wörter in die Lücken ein! Die Buchstaben unter den Linien helfen dir. Der erste Buchstabe des Wortes ist immer fett gedruckt.*

Maulwurf und Wetter

Der Maulwurf hält keinen ____________________ . Aber wenn es kalt wird, ist er

TER**W**SCHINLAF

weniger ________________ . Bei ________________________ weicht er der Kälte

IVT**A**K ODEN**B**ROSTF

nach unten hin aus. Er gräbt also tiefere ______________ . Nicht nur der Boden-

Ä**G**ENG

frost, sondern auch starker Regen mit ________________________________

BER**Ü**UNGENSCHWEMM

kann für den Maulwurf zum Problem werden.

Lernwerkstatt Tiere und Klimawandel – Bestell-Nr. 12 592

KOHL VERLAG Lernen mit Erfolg

Aufgabe 2: **a)** *Was passt? Markiere die richtigen Aussagen.*
Trage die Buchstaben bei der Lösung ein.

1. Der Maulwurf gräbt ....

   mit dem Maul. (V)
   mit seinen vom Körper seitlich abstehenden „Händen“ (Vorderpfoten). (W)

2. Seine Schnauze ist ....

   lang und beweglich. (EI)
   kurz und dick. (AU)

3. Die Augen sind ....

   sehr groß. (QU)
   normal groß. (PF)
   sehr klein. (CH)

4. Ein erwachsener Maulwurf wiegt etwa ....

   5g (T) 100g (S) 50 kg (R)

5. In einem lockeren Boden kann ein Maulwurf pro Minute .... graben.

   ungefähr 2 cm weit (E)
   ungefähr 2 m weit (O)
   ungefähr 20 cm weit (A)

6. Für seine Jungen baut das Weibchen eine Nestkammer ....

   unter der Erde. (M)
   ein Nest auf dem Baum. (N)

7. Die kleinen Maulwürfe kommen .... auf die Welt.

   nackt und rosig. (T)
   mit dichtem Fell. (H)

8. Maulwürfe leben ....

   in einem großen Rudel. (O)
   als Einzelgänger. (I)
   immer zu zweit. (A)

9. Sie sind ....

   tagaktiv. (L)
   nachtaktiv. (Z)
   immer abwechselnd 4 Stunden wach und schlafen dann 4 Stunden. 

LÖSUNG: Das Fell des Maulwurfs ist glänzend schwarz und außerdem

____ ____ ____ und ____ ____ ____ ____ ____ ____ .
1. 2. 3. 4. 5. 6. 7. 8. 9.

Aufgabe 3: **a)** *Hier sind Spuren von verschiedenen Wildtieren abgebildet. Welche Spuren ordnest du dem Maulwurf zu? Warum? Schreibe deine Erklärung unten auf.*

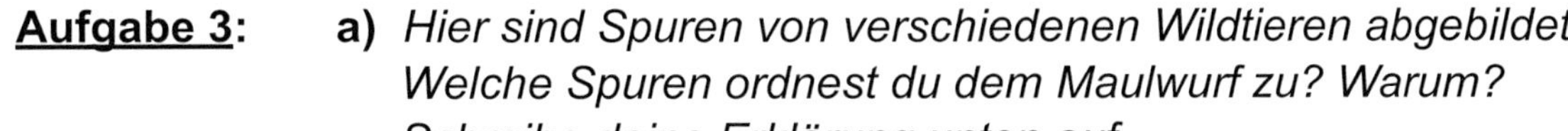

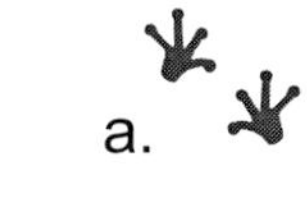

a. b. c. d. e. f. g. h. i. j.

____

____

____

b) *Recherchiere, woher der Maulwurf seinen Namen hat! Schreibe in dein Heft.*

Kapitel II – Sommergeschichten

Geschichte zum Einstieg – Teil 1

Hitzealarm (1)

„Mama, Mama, komm schnell! Hier liegen vier kleine Vögel auf dem Boden. Ich glaube, sie sind tot!", schreit Tine außer sich.

Melanie läuft schnell zu ihrer Tochter. Sie weiß, dass Tine sich alles sehr zu Herzen nimmt, was mit Tieren zu tun hat. Vor allem mit Tierbabys. Was sie jetzt sieht, jagt ihr selbst einen Schrecken ein. Vier nackte Vogeljunge liegen reglos auf dem Boden.

„Komm, Schatz", sagt sie zu Tine. „Geh weg und lass mich das machen. Wir können den Kleinen nicht mehr helfen."

Melanie will ihre Tochter in Richtung Haus schieben, doch die weicht keinen Zentimeter zurück.

„Aber wieso sind sie nicht in ihrem Nest geblieben?" Tränen laufen Tine übers Gesicht.

„Der Sommer ist in diesem Jahr einfach zu heiß für manche Vögel. Sie halten die Hitze nicht aus und springen dann aus dem Nest. Geh bitte ins Haus. Ich kümmere mich um die vier."

„Warte, Mama. Eins bewegt sich noch!"

„Das bildest du dir ein. Den Sturz von da oben hat keines der vier überlebt."

Melanie zeigt auf das Nest unter dem Dach.

„Schau doch, das Schnäbelchen geht auf und zu. Es lebt!"

Tatsächlich, Melanie sieht es nun auch.

„Schnell, hol du einen leeren Schuhkarton aus der Garage. Ich gebe inzwischen dem Kleinen etwas zu trinken."

Vorsichtig legt Melanie das Vogeljunge in den Karton und gibt tröpfchenweise Wasser auf seinen Schnabelrand.

„Fahr mit dem Rad zum Zoofachhandel. Dort kaufst du eine Packung gefrorene Heimchen*", sagt Melanie. Zum Glück hat sie als langjährige Tierarzthelferin viel Erfahrung mit verletzten und geschwächten Tieren.

* Heimchen – ein Insekt, gehört zur Familie der Echten Grillen, etwa 2 cm lang

Geschichte zum Einstieg – Teil 2

Hitzealarm (2)

Tine nennt das Vogelbaby Hugo. Melanie und Tine füttern Hugo nun jede Stunde.

Selbst in der Nacht stellen sie sich den Wecker und geben dem hungrigen Küken Futter. Am nächsten Tag nimmt Melanie den Kleinen mit in die Tierarztpraxis. Hugo sitzt in einem kleinen Körbchen und wartet jede Stunde auf sein Fressen. Zwei Wochen lang geht das so. Hugo bekommt langsam Federn. In der Wohnung lernt er fliegen. Tine freut sich, wenn Hugo auf ihren Schultern landet.

„Wir behalten Hugo!“, sagt sie lachend. Melanie schüttelt den Kopf.

„Nein, Tine. Auch wenn es dir schwer fällt, wir müssen ihn irgendwann frei lassen. Er darf sich nicht zu sehr an uns gewöhnen.“

Ab sofort wird Hugo ins große Badezimmer gesperrt. Tine, ihre Eltern und ihr Bruder benutzen nun das kleine Bad im ersten Stock. In Hugos Badezimmer hat Melanie zahlreiche Seile gespannt. Er soll lernen, darauf zu landen. Tine geht regelmäßig zu Hugo. Jetzt wirft sie für ihn tote Mücken in die Luft, die er fangen muss. Er soll lernen, wie man jagt. Sonst verhungert er in der Freiheit. Endlich ist es soweit. Nach fast acht Wochen will Melanie die kleine Schwalbe auswildern.

In der Nähe des Hauses steht eine Gruppe Bäume rund um eine Scheune. Dort treffen sich jeden Tag etliche Schwalben. Melanie hofft, dass Hugo dort Anschluss findet.

„Du musst dich jetzt von ihm trennen“, sagt sie zu Tine. „Sei nicht traurig. Hugo wird glücklich sein, wenn er andere Vögel trifft.“ Tapfer nickt ihre Tochter. Sie öffnen das Fenster. Nach einer Weile fliegt Hugo nach draußen und gesellt sich zu den Schwalben.

„Mach's gut, Hugo“, sagt Tine und hofft, dass es ihm bei seinen neuen Freunden gut gehen wird.

Lernwerkstatt Tiere und Klimawandel – Bestell-Nr. 12 592

Kapitel II – Sommergeschichten

Aufgabe 1: a) *Finde im Text folgende Wörter und Wortverbindungen und unterstreiche sie.*

zu Herzen nehmen –
zurückweichen – auswildern –
Anschluss – reglos –
sich gesellen

b) *Verbinde, was zusammengehört.*

- *zu Herzen nehmen*
- *zurückweichen*
- *auswildern*
- *Anschluss*
- *sich gesellen*
- *reglos*

- *Kontakt*
- *schwer nehmen*
- *sich anschließen*
- *in die freie Wildbahn entlassen*
- *sich entfernen*
- *ohne Bewegung*

Aufgabe 2: *Stimmt es oder stimmt es nicht? Kreuze an. Verbessere die falschen Aussagen. Schreibe ins Heft in ganzen Sätzen.*

	richtig	falsch
Tine hat drei nackte Vogeljunge gefunden		
Manche Jungvögel halten die Hitze nicht aus und springen aus dem Nest.		
Im Zoofachhandel soll Tine eine Packung gefrorene Fischchen kaufen		
Hugo soll jede Stunde gefüttert werden.		
Tine wirft für Hugo tote Mücken in die Luft, die er fängt.		

Aufgabe 3: a) *Unterstreiche rot: die wörtliche Rede von Tine.*
Unterstreiche blau: die wörtliche Rede von Tines Mutter.
b) *Lest die Geschichte laut mit verteilten Rollen:*
Tine, Melanie (ihre Mutter) und drei verschiedene Erzähler.

Aufgabe 4: *Was könntest du tun, wenn du ein verlassenes Tier findest? Diskutiere mit deinem Partner oder in der Gruppe.*

Aufgabe 5:

a) *Lies die Stichwörter unten über Aussehen und Nestbau der Rauchschwalbe.*

b) *Beschreibe die Rauchschwalbe und ihr Nest mit eigenen Worten (mündlich oder schriftlich).*

Die Rauchschwalbe

Aussehen

- klein und schlank, schmale Flügel
- langer, gegabelter „Schwalbenschwanz“
- kastanienbraunes „Gesicht“
- dunkle Brust
- helle Unterseite
- bläulich-schwarz glänzender Rücken

Männchen und Weibchen sind schwer zu unterscheiden. Sie sehen fast gleich aus, bei dem Weibchen sind nur die Schwanzfedern etwas kürzer.

Nestbau

- offen, geformt wie ein Napf
- besteht aus kalk- und tonhaltigem Material (Lehm)
- Schwalbe baut meist in Gebäuden (Ställe, Scheunen)

Aufgabe 6: *Such dir einen beliebigen Vogel aus. Beschreibe ihn deinem Partner. Kann er „deinen“ Vogel erraten? Notiere hier kurz deine Stichwörter.*

Flügel: ______________________________

Schwanz: ______________________________

Kopf: ______________________________

Farbe: ______________________________

Nestbau: ______________________________

Lernwerkstatt Tiere und Klimawandel – Bestell-Nr. 12 592

Infotext – Tiere und Hitze

Tiere und Hitze

Die große Hitze macht vielen zu schaffen, nicht nur uns Menschen.

Viele Tiere leiden unter der Hitze. Bei unseren heimischen Vögeln sind vor allem Mauersegler stark gefährdet. Nicht nur die Nestlinge, auch die erwachsenen Mauersegler kommen mit großer Hitze nicht gut zurecht. Sie verbringen fast ihr ganzes Leben in der Luft. Wenn es zu heiß ist, finden sie oft keine Insekten mehr. Ein Mauersegler, der auf dem Boden sitzt, braucht meistens Hilfe.

Raubtiere wie das Große Wiesel (Hermelin) leiden ebenfalls unter heißen Sommern. Manchmal finden sie nicht genug Wasser und werden dadurch „dehydriert“ (ausgetrocknet) und geschwächt. So werden die Wiesel anfälliger für Krankheiten.

Kleinen Fledermäusen geht es im Sommer ähnlich wie den Vögeln im Nest. Auch sie halten die hohen Temperaturen unter stark erhitzten Dachziegeln kaum aus und fallen oft von dort herunter.
Die Jungtiere sind am Anfang nackt, blind und völlig hilflos. Sie können noch nicht fliegen und sterben vom Stürzen. Jedes Jahr kostet extreme Hitze Tausende von Fledermäusen das Leben.

Übrigens… Kennst du den Unterschied bei Vögeln zwischen Nestling und Ästling?

Ein Nestling muss rund um die Uhr betreut und gefüttert werden. Er ist alleine noch nicht lebensfähig. Ein Ästling dagegen kann meist schon kurze Strecken fliegen. Er kann sich aber noch nicht alleine ernähren und wird noch von den Eltern gefüttert. Achtung: Einen Ästling sollte man nie mitnehmen! Meist sind die Vogeleltern nicht weit entfernt, sondern sind gerade auf Futtersuche.

Lernwerkstatt Tiere und Klimawandel – Bestell-Nr. 12 592

Kapitel II – Sommergeschichten

Aufgabe 1: *Setze passende Wörter in die Lücken ein:*

Mauersegler • geschwächt • leiden • Fledermäuse • Insekten

Viele Tiere .... unter der Hitze.

Bei unseren heimischen Vögeln sind .... stark gefährdet.

Wenn es zu heiß ist, finden sie oft keine .... mehr.

Wenn Wiesel nicht genug Wasser finden, werden sie dadurch ausgetrocknet und

....

Jungtiere von .... halten die Hitze unter den Dachziegeln nicht aus und springen von dort herunter.

Aufgabe 2: *Beantworte die Fragen zum Text. Schreibe in ganzen Sätzen.*

1. Um welche drei Tierarten geht es in dem Text?

____

2. Wo verbringen die Mauersegler fast ihr ganzes Leben?

____

3. Wann braucht ein Mauersegler vermutlich Hilfe?

____

4. Wie nennt man es, wenn ein Tier wenig Wasser findet und dadurch geschwächt ist?

____

5. Was kann passieren, wenn ein Hermelin dehydriert ist?

____

6. Wie nennt man die „Wohnung" von kleinen Fledermäusen?

____

7. Wo befindet sich diese Wochenstube häufig?

____

____

Geschichte zum Einstieg

Flug in den Süden?

Die Störche sind sich diesmal nicht einig. Sollen sie dieses Jahr in den Süden fliegen oder nicht?

„Auf Wiedersehen! Guten Flug!“

Die Storchenmama winkt ihren Jungen hinterher. Wie in jedem Jahr machen sich die Jungvögel bereits Ende August auf den Weg in den Süden. Die Eltern werden ein paar Wochen später aufbrechen. Doch diesmal will der Storchenpapa lieber hierbleiben.

„Wir müssen fort!“, sagt die Störchin nach einem Monat. „Fritz und Else warten schon auf uns.“

„Lass uns abwarten“, meint der Storch. „Es ist doch noch so schön warm.“

Ein paar Tage später sagt die Störchin wieder: „Wir müssen fort! Fritz und Else sind schon weggeflogen.“

„Lass uns abwarten“, erwidert der Storch erneut. „Es ist doch noch so schön warm.“

Die Störchin wird nervös. Wären sie doch nur mit Fritz und Else fort! Was, wenn es im Winter nichts zu fressen gibt? Allein bei dem Gedanken knurrt ihr schon der Magen. Langsam stakst sie durch die Wiese und findet einen Regenwurm.

Am Teich schnappt sie sich noch einen Fisch. Mit vollem Magen sieht die Welt schon besser aus. Vielleicht gibt es im Winter ja genug Futter? Fast die ganze Zeit über macht sie sich Sorgen. Bis zu dem Tag, an dem Fritz und Else heimkehren.

„Der Winter ist vorbei!“, ruft die Störchin zu ihrem Mann. „Wir haben es geschafft.“

Bald werden sie wieder kleine Störche aufziehen. Und vielleicht, nur vielleicht, bleiben sie auch im nächsten Winter wieder hier.

Aufgabe 1: **a)** *Unterstreiche:*
die wörtliche Rede von dem Storch – blau
und die wörtliche Rede von der Störchin – rot.

b) *Lest die Geschichte laut mit verteilten Rollen.*

Lernwerkstatt Tiere und Klimawandel – Bestell-Nr. 12 592

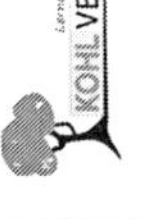

Aufgabe 2: **a)** *In jedem Satz ist ein Wort zu viel. Streiche es durch. Lies den verbesserten Text einem Partner vor.*

Störche und Wetter

Wechselhaftes Wetter ist für den Weißstorch Rotfuchs ungünstig. So mancher Storch hat bei starkem Regen und großer Kälte schon sein Hotelzimmer Nest verlassen. Störche stehen singen oft auf einem Bein. Manche Leute sagen, dass der Storch so das angewinkelte Bein am Gefieder Holzofen aufwärmt. Vielleicht steckt er deshalb auch den Fuß Schnabel manchmal ins Halsgefieder.

b) *Schreibe den verbesserten Text unten auf!*

____

____

____

____

____

____

____

____

____

____

____

____

Aufgabe 3: *Forsche nach und schreibe einen Steckbrief „Weißstorch". Folgende Stichwörter helfen dir dabei.*

Kennzeichen:

Beine: ....

Hals: ....

Schnabel: ....

Gefieder: ....

Körpergröße: ....

Nahrung: ....

....

Lebensraum: ....

Zweite Herbstgeschichte

Am Abend vor der Reise

Hugo ist glücklich. Bei den Schwalben hat er ein liebes Weibchen gefunden. Nun will er mit seiner Milli in den Süden fliegen. Beide machen die Reise zum ersten Mal. Sie sind ganz schön aufgeregt. Am Abend können sie nicht einschlafen.

„Weißt du, Hugo", flüstert Milli. „Die Uroma von der Oma von meiner Mama ist mal mit einem echten Flugzeug aus Deutschland in den Süden geflogen."

„Waaas?", fragt Hugo. „In so einem riesigen Eisenvogel?"

„Genau! Die haben im Herbst zu lange gewartet und plötzlich war der Winter da. Vielleicht wären sie alle erfroren oder verhungert. Aber ein paar nette Menschen haben ihnen geholfen. Sie haben sie in den Süden gebracht. Bis nach Italien!"

Hugo staunt. Er würde auch mal gerne mit einem Eisenvogel verreisen.

Milli erzählt weiter. „Erst von dort aus musste die Uroma von der Oma von meiner Mama mit eigenen Flügeln weiterfliegen."

„Wie spannend", meint Hugo.

„Pscht!", sagt die Schwalbe neben Milli.

„Ruhe jetzt!", ruft eine andere.

„Leise! Morgen müssen wir ausgeruht sein", beschwert sich eine dritte.

Da machen Hugo und Milli die Äuglein zu. Doch es dauert noch eine ganze Weile, bis sie endlich einschlafen.

Aufgabe 1: *Stimmt es oder stimmt es nicht? Kreuze an.*

	richtig	falsch
Hugo und Milli fliegen morgen in den Süden.		
Milli war schon einmal bei ihrer Uroma im Süden.		
Vor dem langen Flug müssen Vögel Kräfte sammeln.		
Einmal im Winter wurden Vögel mit dem Flugzeug nach Afrika gebracht.		

Hintergrund-Info:

Im Herbst 1974 gab es tatsächlich eine spektakuläre Rettungsaktion des NABU. Die Schwalben in Deutschland wurden von einem plötzlichen Wintereinbruch überrascht. Etliche Vogelfreunde brachten sie daraufhin in Flugzeuge und ließen einige in Südfrankreich, andere in Norditalien wieder „aussteigen". Von dort aus flogen die Vögel alleine weiter bis nach Afrika. Manche Menschen schimpften deswegen und sagten, das sei alles Unsinn. Andere fanden diese Aktion toll.*

NABU: Naturschutzbund Deutschland*

Aufgabe 2:

a) *Lies die Geschichte „Am Abend vor der Reise" und die Hintergrund-Info leise durch. Lies sie dann ein zweites Mal deinem Partner vor.*

b) *Beende die Sätze. Schreibe in dein Heft.*

– Hugo und Milli sind aufgeregt, weil ____________________

____

– Vor vielen Jahren sind die Vögel nicht rechtzeitig in den Süden geflogen und plötzlich ____________________.

– Viele Vögel wurden von den Menschen in den Süden bis

____________________________________ .

c) *Erzähle die Geschichte mit deinen eigenen Worten.*

Aufgabe 3:

a) *Informiere dich genauer über diese Rettungsaktion (z.B. im Internet).*

b) *Überlege dir mit einem Partner mindestens zwei Argumente für (PRO) und zwei gegen (CONTRA) diese Aktion. Schreibe die Argumente unten auf.*

für (PRO)	gegen (CONTRA)

Kapitel IV – Wintergeschichten

Geschichte zum Einstieg

„Line Hermeline“

Line Hermeline ist stolz auf ihr weißes Winterfell. Am Bächlein bewundert sie ihr Spiegelbild. Wie eine Königin sieht sie aus! Kein anderes Tier ist im Winter so schön wie sie. Jetzt fehlt nur noch der Schnee, dann wäre ihre weiße Tarnfarbe perfekt. Line stellt sich auf die Hinterbeine und blickt sich auf der Wiese um. Sie ist so hungrig! Von da hinten weht ein leckerer Mausgeruch in ihre Richtung. Flink und geschmeidig schleicht sie sich an das Mauseloch heran. Doch die Mäuse bemerken sie schon von weitem. Sie stoßen hohe Pfiffe aus und rufen: „Achtung, da kommt Line Hermeline!“

Line knurrt der Magen. Vielleicht sollte sie heute mal Maulwurf auf ihre Speisekarte setzen. Der kann nicht so gut sehen wie die Mäuse. Bestimmt bemerkt er das auffällige weiße Fell gar nicht. Dort drüben streckt gerade einer den Kopf aus seinem Hügel! „Den schnappe ich mir gleich!“ freut sich Line ... Wieder schleicht sie sich leise heran.

„Achtung, Maulwurf! Da kommt Line Hermeline!“, schreit eine Elster von oben. Wieder nichts. Inzwischen ist der Maulwurf längst in den verzweigten Gängen verschwunden. Ohne Schnee fällt sie einfach zu sehr auf mit ihrem weißen Fell. Inzwischen ist sie gar nicht mehr glücklich damit. Da fällt ihr ein, dass sie ja auch von Fuchs und Eule und Bussard gut gesehen werden kann. In dem Moment bemerkt sie einen drohenden Schatten. Eine Eule! Sie ist schon ganz nah. Line kann ihre spitzen Krallen sehen. So schnell sie kann, rennt sie über die Wiese und sucht ein Versteck. Die Eule kommt immer näher. Line spürte schon den Lufthauch. Immer schneller und schneller läuft sie. Verzweifelt hält sie Ausschau nach einem Steinhügel oder einer Wurzel oder einem Kaninchenbau. Oh nein! Die spitzen Krallen berühren Line. Sie hört die Elster über sich lachen.

„Ha, ha, ha. Line Hermeline kämpft mit einem Ast!“

Line ist verwirrt und reißt die Augen weit auf. Tatsächlich – da ist ein kleines Ästchen vom Baum gefallen. Aber wo ist die Eule? Erleichtert bemerkt Line, dass sie nur geträumt hat. Ihr Fell ist diesmal gar nicht weiß. Nur ein bisschen. Eher so braun-weiß gescheckt. Was für ein Glück! So kann sie gleich auf die Jagd gehen. Denn den knurrenden Magen – den hat sie nicht geträumt!

Kapitel IV – Wintergeschichten

Aufgabe 1: *Bei diesem Steckbrief zum Hermelin ist etwas durcheinander geraten. Was ist richtig?*
Markiere die zutreffenden Aussagen mit einem Buntstift.

Infos zum Hermelin

Familie:

Wölfe (Raubtiere) – Marder (Raubtiere)

Katzen (Raubtiere)

Liebster Lebensraum:

- dichte Nadelwälder auf Hügeln
- „unordentliche", ungemähte Wiesen oder auch Wälder mit einem Bächlein und vielen Verstecken wie z.B. Steinhaufen oder Hecken
- lange Sandstrände am Meer

Aussehen: (Hier musst du insgesamt **5 Dinge** markieren)

langgestreckter Körper – lange Beine – kurze Beine – schwarze Schwanzspitze – kurzer Körper – braune Schwanzspitze – Sommerfell: braun mit weißer Unterseite

Länge insgesamt: etwa 95 cm (also etwa ein Meter)

Länge insgesamt: etwa 45 cm (also etwa ein halber Meter)

Besonderheiten:

Die Schwanzspitze ist im Sommer braun und im Winter schwarz.

Das Hermelin wechselt die Fellfarbe, im Winter ist das Fell weiß.

Infos zur Nahrung und zu den Feinden des Hermelins findest du auf der nächsten Seite.

Das Hermelin, das auch Großes Wiesel genannt wird, war früher auf Bauernhöfen als Mäusefänger sehr beliebt. Leider mochten auch die Adeligen die flinken Wiesel, allerdings wegen ihres schönen weißen Winterfells. Dieses wurde oft zu prächtigen und kostbaren Hermelinmänteln verarbeitet.

Aufgabe 2: **a)** *Überlege und bestimme, wer aus der Liste zu den Feinden und wer zur Nahrung vom Hermelin gehört.*

Graureiher, Vogeleier, Storch, Wühlmaus, Schermaus, Feldmaus, Mensch, Steinmarder, Ratte, Greifvögel, Dachs, Kaninchen, Insekten, Fuchs, Maulwurf, Eule

Feinde	
Nahrung	

b) *Unten findest du ein Wortsuchrätsel mit 8 Feinden des Hermelins und 8 Tieren, die vom Hermelin gefressen werden.*
Markiere die Wörter der Feinde rot und die anderen Wörter gelb.

G	R	A	U	R	E	I	H	E	R	M	B	D	A	C	H	S	W	R
A	S	D	F	G	H	J	K	L	P	O	I	U	Z	T	R	E	H	K
Y	V	S	T	O	R	C	H	B	N	M	E	T	R	Z	U	F	O	A
S	L	T	U	W	T	E	U	V	L	K	J	H	G	W	Z	U	T	N
C	K	E	Z	M	A	S	D	O	F	G	H	J	M	Ü	E	C	V	I
H	J	I	T	A	R	I	L	G	R	T	Z	U	I	H	L	H	Ä	N
E	H	N	I	U	E	P	G	E	R	T	I	P	O	L	F	S	T	C
R	G	M	M	L	R	U	F	L	M	N	L	I	E	M	V	B	R	H
M	F	A	B	W	T	K	M	E	N	S	C	H	K	A	M	W	F	E
A	D	R	N	U	Z	L	R	I	J	H	G	F	D	U	B	E	V	N
U	S	D	H	R	U	J	F	E	L	D	M	A	U	S	V	U	B	C
S	R	E	O	F	I	H	G	R	E	I	F	V	Ö	G	E	L	N	D
T	U	R	P	L	O	G	W	A	S	D	F	G	H	J	H	E	M	S
R	P	Z	R	I	N	S	E	K	T	E	N	C	V	R	A	T	T	E

Aufgabe 3: *Das Hermelin wird auch Großes Wiesel oder Kurzschwanzwiesel genannt. Schreibe einen Steckbrief zum Hermelin. Die Seiten vorher helfen dir.*

Name	
weitere Namen	
Familie	
Lebensraum	
Aussehen	
Nahrung	
Feinde	
Besonderheiten	

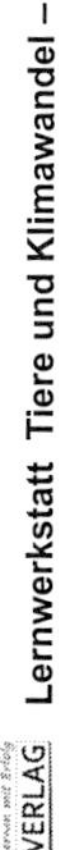

Kapitel IV – Wintergeschichten

Aufgabe 4: *Fülle die Lücken mit passenden Wörtern*

braun, schwarz, Sommer, Schwanzspitze, Dämmerung, Fellwechsel, Fell, Norden

Hermeline sind im Winter stets in der .... und nachts unterwegs.

Nur im .... sind sie gelegentlich auch mal tagsüber aktiv.

In warmen Gebieten ist das .... der Hermeline das ganz Jahr über braun-weiß. Im kalten .... aber tragen sie immerzu ihr weißes Winterfell.

In unserem gemäßigten Klima findet zweimal im Jahr ein .... statt. Das Sommerfell des Hermelins ist .... und unten weiß.

Das Winterfell ist vollkommen weiß mit Ausnahme der ....

Diese bleibt das ganze Jahr über ....

***Info**: Aufgrund des Klimawandels gibt es auch bei uns immer öfter milde Winter. Die Natur hat sich da gut angepasst: Das Fell des Hermelins wird nicht durchgehend weiß, sondern bleibt braun oder wird fleckig.*

Aufgabe 5: *Beantworte die Fragen in ganzen Sätzen.*

– *Wie unterscheidet sich das Aussehen der Hermeline in warmen und in kalten Gebieten?*

....

....

....

....

– *Wie veränderten milde Winter das Aussehen der Hermeline hierzulande?*

....

....

Lernwerkstatt Tiere und Klimawandel – Bestell-Nr. 12 592
KOHL VERLAG

Unterschiede zwischen Mauswiesel und Hermelin

Aufgabe 6: *Die Unterscheidung zwischen Mauswiesel und Hermelin ist nicht immer einfach. Ein großes Mauswiesel-Männchen kann leicht mit einem kleinen Hermelin-Weibchen verwechselt werden.*

Ordne die Antworten richtig in die jeweilige Spalte ein! Forsche nach, wenn nötig.

	Mauswiesel	Hermelin
So wird dieses Tier auch genannt		
Zur Größe		
Farbe der Schwanzspitze		
Farbe des Fells wechselt im Winter		

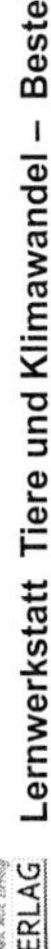
KOHL VERLAG Lernwerkstatt Tiere und Klimawandel – Bestell-Nr. 12 592

Kapitel V – Klimawandel und Klimaschutz

Klimawandel? Was ist das?

Aufgabe 1: *Lies den Text und beantworte dann die Fragen. Markiere die Antworten zuerst im Text!“*

Was ist eigentlich Klima? Als Klima verstehen wir das durchschnittliche, also normale Wetter an einem Ort über längere Zeit. Wichtig dabei sind die Lufttemperaturen und Niederschlagsmengen. Dabei bleibt das Klima über lange Zeit gleich, es ändert sich fast nicht oder sehr langsam.

Die Temperaturen in Brasilien zum Beispiel sind normalerweise immer hoch und es regnet viel. In der Arktis dagegen ist es eiskalt und es regnet nie. Wenn die sonst üblichen Temperaturen und Niederschlagsmengen sich in einem Gebiet ändern, wirkt sich das auch auf das Klima in anderen Orten aus. Später spüren wir die Wetteränderungen überall auf der Welt. Das nennt man Klimawandel.

Das Klima auf der Erde hat sich schon einige Male verändert. So gab es zum Beispiel in der Erdgeschichte einige Eiszeiten, als es ganz kalt wurde. Solche Klimawandel sind natürlich. Da verändert sich das Klima sehr langsam, also über viele Jahrtausende. Einen solchen Wandel würde kein Mensch innerhalb seines Lebens überhaupt bemerken.

Heute erleben wir aber einen Klimawandel, der viel schneller vorangeht. So schnell, dass sich das Klima sogar in der Zeit eines Menschenlebens verändert. Auf der ganzen Erde wird es wärmer. Warum? Was oder wer ist die Ursache? Den größten Anteil am Klimawandel hat der Mensch, also die Aktivitäten aller Menschen auf der Erde. Wodurch denn? Weiter unten findest du einige Beispiele.

Ursachen des Klimawandels heute:

- Fabriken, Autos, Flugzeuge (die Abgase sind umweltschädlich, vor allem Kohlendioxid CO_2 – sprich: Ze-o-zwei)
- Abholzung der Regenwälder (dadurch gibt es nicht mehr genug Bäume, die CO_2 wieder in Sauerstoff umwandeln)
- Bau von Städten (dadurch wird die Natur zerstört)
- Tierhaltung (Kühe pupsen umweltschädliche Gase in die Luft)

Fragen zum Text:

a) Was ist Klima?

b) Hat sich das Klima auf der Erde schon mal verändert?

c) Wie schnell veränderte sich das Klima früher?

d) Wie verändert sich das Klima heute?

e) Wer hat den größten Anteil am Klimawandel?

f) Welche Ursachen des Klimawandels kannst du nennen?

Tiere in Gefahr

Aufgabe 1: *Lies hier über die Tiere, deren Leben jetzt schon vom Klimawandel bedroht ist. Überlege, welche Tiere noch davon betroffen sind? Warum? Trage deine Ideen unten in die Tabelle ein.*

Das Rentier kommt nicht ans Futter.

Im Winter suchen Rentiere unter dem Schnee ihr Futter. Mildes Wetter im Winter bringt aber viel Regen. Wenn es kalt wird, gefriert der Regen auf dem Boden. Viele Futterpflanzen bleiben unter fester Eisschicht. Die Tiere haben dann nur ganz wenig zu fressen.

Die Vögel kommen zur falschen Zeit.

Der Trauerschnäpper ist ein Zugvogel und überwintert in Afrika. Zurück nach Europa fliegt er im Frühling, wenn hier besonders viele Insekten zum Fressen sind. Doch in den letzten Jahren findet die Insektenschwemme früher statt. Die Vögel kommen zu spät und finden nicht mehr genug zu fressen.

Schrumpfende Fische.

Die Erderwärmung lässt Fische schrumpfen. Der Hauptgrund: Unsere Meere erwärmen sich und enthalten weniger Sauerstoff. Das ist schwer zu ertragen für die Fische. Die helfen sich, indem sie früher aufhören zu wachsen.

	Problem

Kapitel V – Klimawandel und Klimaschutz

Prima Klima? – Ideen zum Klima- und Umweltschutz

Wer den Klimawandel überleben will, muss sich anpassen. Wenn eine Tier- oder Pflanzenart das nicht schafft, stirbt sie aus. Der Klimawandel veränderte schon sehr viel in der Natur. Wir alle müssen jetzt handeln, um die Klimaänderung zumindest zu bremsen. Dabei sind die Politiker gefragt, aber auch jeder von uns.

Aufgabe 1: *Hast du Ideen, was der Einzelne für das Klima oder die Umwelt tun könnte? Vielleicht sogar du selbst oder deine Eltern? Überlege zusammen mit einem Partner. Schreibt eure Vorschläge auf. Findet ihr mindestens fünf Ideen?*

Wer?	**Was tun?**
Ich selbst	

Wer?	**Was tun?**
Meine Eltern oder Großeltern	

Wer?	**Was tun?**
Meine Freunde	

Kapitel V – Klimawandel und Klimaschutz

Suchrätsel „Tiere und Klimawandel“

Aufgabe 1: *Finde im Suchrätsel folgende Wörter und markiere sie farblich.*

Klima – Zugvogel – Futter – Gefahr – Abgase – Fell
Lebensraum – Schnee – Wetter – Hermelin – Kälte – Nestling
Fledermaus – Hitze – Maulwurf – Ästling – Wärme – Wiedehopf

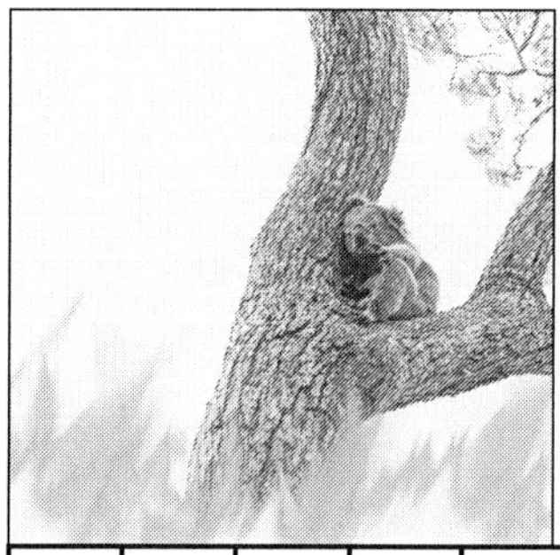

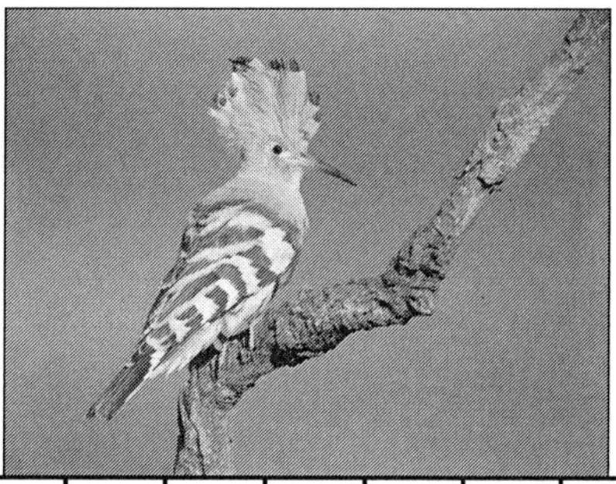

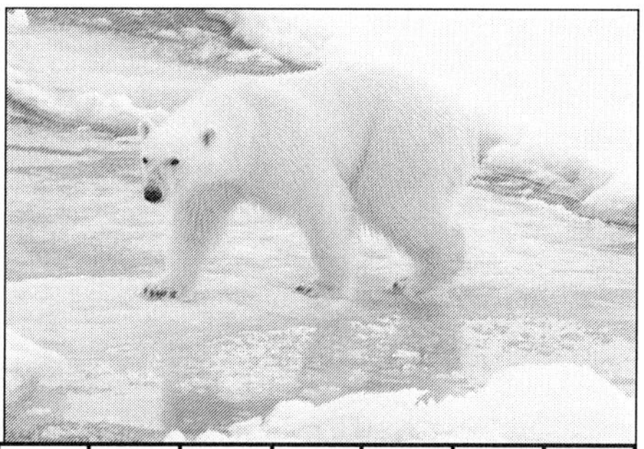

W	I	E	D	E	H	O	P	F	T	N	E	S	T	L	I	N	G	Q
Ä	A	S	G	F	E	T	T	U	P	M	V	S	C	H	N	E	E	R
R	Q	F	J	D	R	A	C	T	L	V	B	C	X	T	F	G	F	E
M	W	L	T	Q	M	C	U	T	L	T	V	A	K	L	I	M	A	N
E	H	E	Y	W	E	M	F	E	L	L	Ä	L	K	J	H	V	H	T
Y	C	D	C	G	L	N	C	R	A	E	R	S	D	I	Z	B	R	Z
H	K	E	S	G	I	B	C	K	A	B	G	A	S	E	U	M	Ö	Ü
I	P	R	F	L	N	F	R	F	T	E	V	H	M	R	B	G	U	K
T	J	M	D	P	I	O	U	Z	T	N	R	W	X	I	W	I	W	U
Z	M	A	U	L	W	U	R	F	Z	S	J	L	T	S	E	Z	G	I
E	T	U	L	W	T	I	F	K	V	R	T	K	Ä	L	T	E	J	R
S	A	S	O	T	T	K	T	A	G	A	X	N	F	D	T	A	S	E
T	Q	W	R	O	J	L	Ä	D	Z	U	G	V	O	G	E	L	S	W
Ä	S	T	L	I	N	G	S	T	J	M	C	U	I	K	R	S	D	Y

Mal- und Bastelideen

Mal- und Bastelideen

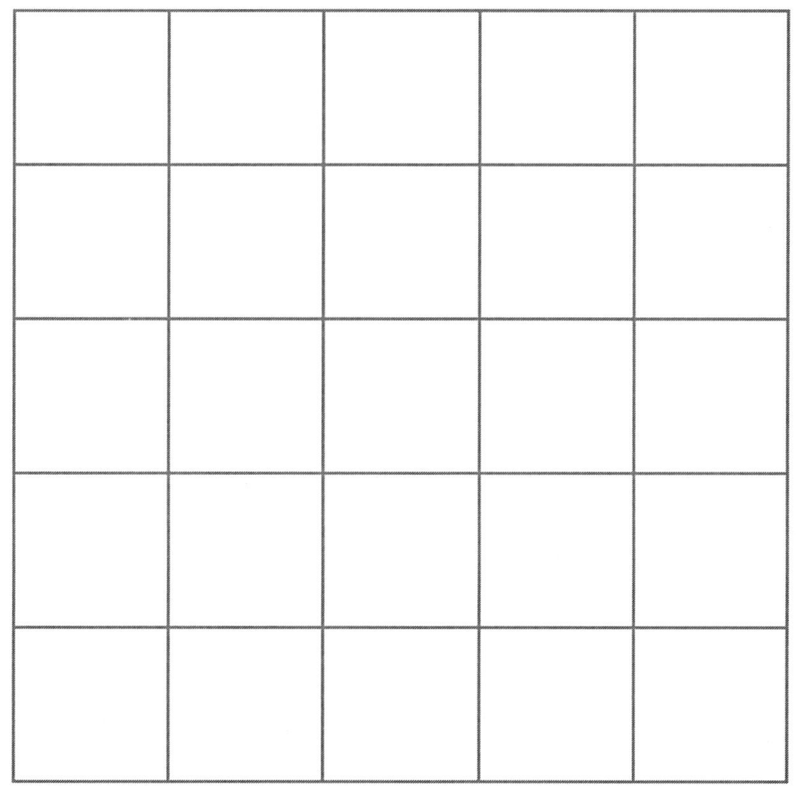

Mal- und Bastelideen

Die Fuchsmaske evtl. mit Pappe verstärken oder gleich auf dickes Papier kopieren. Maske anmalen und ausschneiden (auch den Augenbereich). Danach können die Kinder die Maske mit einem Gummiband versehen und aufsetzen.

KOHL VERLAG Lernwerkstatt Tiere und Klimawandel – Bestell-Nr. 12 592

Mal- und Bastelideen

1. *Fingervögelchen basteln*

Male den Vogel in den Farben des Wiedehopfs an.
Schneide ihn aus und bastle dir einen Finger-Vogel – der „Ring“ wird einfach zusammengeklebt. Den Ring musst du auch entlang des Flügels ausschneiden, der Flügel wird dann nach dem Ausschneiden etwas zur Seite gebogen.

2. *Hermelin aus einem weißen Strumpf basteln*

Du brauchst einen weißen Kniestrumpf, Bindfäden und einen schwarzen Filzstift.
Mit den Bindfäden kannst du die kleinen Ohren des Hermelins abbinden.
Male nun mit dem schwarzen Filzstift die Augen und die Nase auf den Strumpf (auf den Fußteil). Nun hast du eine Handpuppe vom Hermelin.

3. *Maulwurf aus einer braunen Papiertüte basteln*

Du brauchst: eine braune Papiertüte, z.B. aus einem Drogeriemarkt, braunes Tonpapier, einen schwarzen Filzstift, Schere und Kleber.
Mit einem schwarzen Filzstift malst du das Gesicht auf den Boden der Tüte.
Auf braunes Tonpapier kannst du die „Schaufelhände“ aufmalen, ausschneiden und anschließend rechts und links an die Tüte kleben.
Nun hast du eine Handpuppe vom Maulwurf.

Tipp:

Wenn du willst, kannst du einige Szenen der kurzen Tiergeschichten in diesem Heft mit deinen gebastelten Tieren nachspielen; z.B. die Geschichte „Stinkbomben“ mit der Fuchsmaske und den Fingervögelchen.

Arbeitspass

Name: ______________________________ Klasse: ____________

Seite	Thema	begonnen	erledigt

Lösungen

Kapitel I **Frühlingsgeschichten – Wiedehopf**

Seite 8 **<u>Aufgabe 1</u>:** Der Wiedehopf kann sich ~~schlecht~~ gut verteidigen. Er besitzt ~~lacht~~ eine Superwaffe. Bei Gefahr wendet der ~~Siebenschläfer~~ Wiedehopf seinen Bürzel in Richtung Feind. Mit großem Druck schießt ~~liest~~ er dünnflüssigen Kot und ein stinkendes Sekret aus der Bürzeldrüse. Die Stinkbombe kann einen Angreifer ~~Traum~~ bis zu einem Meter weit treffen. Viermal hintereinander ~~Purzelbaum~~ kann der Wiedehopf den Kot mit dem übel riechenden Sekret abfeuern.

Seite 9 **<u>Aufgabe 2</u>:** *Speiseplan des Wiedehopfs:* Käfer, Engerlinge, Grillen, Raupen, Schnecken, Spinnen, Regenwürmer, Asseln

... und vor diesen Tieren muss sich der Wiedehopf in Acht nehmen!
Habicht, Hermelin, Falken, Sperber, Katzen, Schlangen, Raben, Steinmarder

<u>Aufgabe 3</u>:

1	Die Vogelwelt wird sich durch	3	im Süden von Deutschland.
2	Der Wiedehopf	4	immer mehr in Richtung Norden.
3	Deshalb blieb er früher stets	1	den Klimawandel verändern.
4	In den letzten Jahren zieht er	5	in ganz Deutschland.
5	Vielleicht brütet er irgendwann	2	liebt die Wärme.

Die Vogelwelt wird sich durch den Klimawandel verändern.
Der Wiedehopf liebt die Wärme.
Deshalb blieb er früher stets im Süden von Deutschland.
In den letzten Jahren zieht er immer mehr in Richtung Norden.
Vielleicht brütet er irgendwann in ganz Deutschland.

Seite 10 **<u>Aufgabe 4</u>:** Der Wiedehopf ist ein Zugvogel, der in Afrika überwintert.
Männchen und Weibchen sehen fast gleich aus.
Das Weibchen ist etwas größer und schwerer als das Männchen.
Sein Schnabel ist lang, dünn und leicht nach unten gebogen.
Das Körpergefieder ist hellorange.
Die Schwingen und der Schwanz sind schwarz-weiß gebändert.
Ein besonders hübsches Kennzeichen ist der aufrichtbare Kopfschmuck.
Er ist ebenfalls orange und an den Enden schwarz.

Maulwurf und Wetter

Seite 11 **<u>Aufgabe 1</u>:** Der Maulwurf hält keinen **Winterschlaf**. Aber wenn es kalt wird, ist er weniger **aktiv**. Bei **Bodenfrost** weicht er der Kälte nach unten hin aus. Er gräbt also tiefere **Gänge**. Nicht nur der Bodenfrost, sondern auch starker Regen mit **Überschwemmungen** kann für den Maulwurf zum Problem werden.

Seite 12/13 **<u>Aufgabe 2</u>:**

1. Der Maulwurf gräbt mit dem Maul (V) / **mit seinen vom Körper seitlich abstehenden „Händen“ (Vorderpfoten) (W).**
2. **Seine Schnauze ist lang und beweglich (EI)** / kurz und dick (AU).
3. Die Augen sind sehr groß (QU) / normal groß (PF) / **sehr klein (CH)**.
4. Ein erwachsener Maulwurf wiegt etwa 5g (T) / **100g (S)** / 50 kg (R).
5. In einem lockeren Boden kann ein Maulwurf pro Minute ungefähr 2cm (E) / 2m (O) / **20cm weit graben (A).**
6. Für seine Jungen baut das Weibchen **eine Nestkammer unter der Erde (M)** / ein Nest auf dem Baum (N).
7. Die kleinen Maulwürfe kommen **nackt und rosig (T)** / mit dichtem Fell auf die Welt (H).
8. Maulwürfe leben in einem großen Rudel (O) / **als Einzelgänger (I)** / immer zu zweit (A).
9. Sie sind tagaktiv (L) / nachtaktiv (Z) / **immer abwechselnd vier Stunden wach und schlafen dann vier Stunden (G).**

LÖSUNG: Das Fell des Maulwurfs ist glänzend schwarz und außerdem **WEICH** und **SAMTIG**.

Lösungen

Maulwurf und Wetter

Seite 13 — **Aufgabe 3:** a)

f.

b) Der Name des Maulwurfs hat nichts mit dem Wort „Maul“ zu tun. Eine mögliche Erklärung: Ursprünglich hieß der Maulwurf MULWERF. „Mull“ ist eine Erdform. Der Maulwurf ist also ein Tier, das Erde „aufwirft“.

Kapitel II — **Sommergeschichten – Hitzealarm**

Seite 16 — **Aufgabe 1:** b)

zu Herzen nehmen	schwernehmen
zurückweichen	sich entfernen
Anschluss	Kontakt
sich gesellen	sich anschließen
auswildern	in die freie Wildbahn entlassen
reglos	ohne Bewegung

Aufgabe 2:

	richtig	falsch
Tine hat drei nackte Vogeljunge gefunden		X
Manche Jungvögel halten die Hitze nicht aus und springen aus dem Nest.	X	
Im Zoofachhandel soll Tine eine Packung gefrorene Fischchen kaufen		X
Hugo soll jede Stunde gefüttert werden.	X	
Tine wirft für Hugo tote Mücken in die Luft, die er fängt.	X	

Verbesserungen: Tine hat vier Vogeljunge gefunden.
Im Zoofachhandel soll Tine eine Packung gefrorene Heimchen kaufen.

Tiere und Hitze

Seite 19 — **Aufgabe 1:** Viele Tiere *leiden* unter der Hitze. Bei unseren heimischen Vögeln sind *Mauersegler* stark gefährdet. Wenn es zu heiß ist, finden sie oft keine *Insekten* mehr. Wenn Wiesel nicht genug Wasser finden, werden sie dadurch ausgetrocknet und *geschwächt*. Jungtiere von *Fledermäusen* halten die Hitze unter den Dachziegeln nicht aus und fliegen von dort herunter.

Aufgabe 2:

1. *Um welche drei Tierarten geht es in dem Text?*
   Es geht um Mauersegler, Hermelin und Fledermaus.
2. *Wo verbringen die Mauersegler fast ihr ganzes Leben?*
   Sie verbringen fast ihr ganzes Leben in der Luft.
3. *Wann braucht ein Mauersegler vermutlich Hilfe?*
   Er braucht meistens Hilfe, wenn er auf dem Boden sitzt.
4. *Wie nennt man es, wenn ein Tier zu wenig Wasser findet und dadurch geschwächt ist?* Das Tier ist dann „dehydriert“.
5. *Was kann passieren, wenn ein Hermelin dehydriert ist?*
   Es wird anfälliger für Krankheiten.
6. *Wie nennt man die „Wohnung“ von kleinen Fledermäusen?*
   Man nennt sie Wochenstube.
7. *Wo befindet sich diese Wochenstube häufig?*
   Sie befindet sich meistens unter dem Dach.

Lösungen

Kapitel III **Herbstgeschichten – Flug in den Süden?**

Seite 20

<u>Aufgabe 1</u>: <u>direkte Rede Storch</u>:

„Lass uns abwarten“ „Es ist doch noch so schön warm.“
„Lass uns abwarten“ „Es ist doch noch so schön warm.“

<u>direkte Rede Storchin</u>:

„Auf Wiedersehen! Guten Flug!“
„Wir müssen fort!“ „Fritz und Else warten schon auf uns.“
„Wir müssen fort! Fritz und Else sind schon weggeflogen.“
„Der Winter ist vorbei!“ „Wir haben es geschafft.“

Seite 21

<u>Aufgabe 2</u>: <u>Störche und Wetter</u>

Wechselhaftes Wetter ist für den Weißstorch ~~Rotfuchs~~ ungünstig. So mancher Storch hat bei starkem Regen und großer Kälte schon sein ~~Hotelzimmer~~ Nest verlassen. Störche stehen ~~singen~~ oft auf einem Bein. Manche Leute sagen, dass der Storch so das angewinkelte Bein am Gefieder ~~Holzofen~~ aufwärmt. Vielleicht steckt er deshalb auch den ~~Fuß~~ Schnabel manchmal ins Halsgefieder.

<u>Aufgabe 3</u>: <u>Kennzeichen</u>:

Beine: lang, dünn und rot
Hals: lang
Schnabel: lang und rot
Gefieder: weiß, nur Schwungfedern schwarz
Körpergröße: 80 bis 110 cm.
Nahrung: Frösche, Fische, Schnecken, Insekten
Lebensraum: feuchte Wiesen mit Teichen und Baumgruppen, in der Nähe von Siedlungen

Am Abend vor der Reise

Seite 22

<u>Aufgabe 1</u>:

	richtig	falsch
Hugo und Milli fliegen morgen in den Süden.	X	
Milli war schon einmal bei ihrer Uroma im Süden.		X
Vor dem langen Flug müssen Vögel Kräfte sammeln.	X	
Einmal im Winter wurden Vögel mit dem Flugzeug nach Afrika gebracht.		X

Seite 23

<u>Aufgabe 2</u>: **b)**

- Hugo und Milli sind aufgeregt, weil sie morgen zum ersten Mal in den Süden fliegen.
- Vor vielen Jahren sind die Vögel nicht rechtzeitig in den Süden geflogen und plötzlich war der Winter da.
- Viele Vögel wurden von den Menschen in den Süden, bis nach Italien gebracht.

<u>Aufgabe 3</u>: **b)** PRO: Die Schwalben wären im Winter verhungert. Vielleicht wären die Vögel danach vom Aussterben bedroht gewesen.

CONTRA: Es gibt so viele hungernde Menschen auf der Welt – man sollte lieber denen helfen. Bestimmt wussten die Schwalben, dass es ein milder Winter wird und sind deshalb extra nicht weggeflogen.

Lösungen

Kapitel IV **Wintergeschichten – Das Hermelin**

Seite 25

Aufgabe 1: Steckbrief zum Hermelin

Familie: Marder (Raubtiere)

Liebster Lebensraum: „unordentliche", ungemähte Wiesen oder auch Wälder mit einem Bächlein und vielen Verstecken wie z.B. Steinhaufen oder Hecken

Aussehen: langgestreckter Körper – kurze Beine – schwarze Schwanzspitze
Sommerfell: braun mit weißer Unterseite
Länge insgesamt: ca. 45 cm (also etwa ein halber Meter)

Besonderheiten: Das Hermelin wechselt die Fellfarbe, im Winter ist das Fell weiß.

Seite 26

Aufgabe 2: a)

Feinde	Graureiher, Dachs, Storch, Steinmarder, Mensch, Greifvögel, Fuchs, Eule
Nahrung	Vogeleier, Wühlmaus, Schermaus, Feldmaus, Ratte, Kaninchen, Insekten, Maulwurf

b)

G	R	A	U	R	E	I	H	E	R	M	B	D	A	C	H	S	W	R
A	S	D	F	G	H	J	K	L	P	O	I	U	Z	T	R	E	H	K
Y	V	S	T	O	R	C	H	B	N	M	E	T	R	Z	U	F	O	A
S	L	T	U	W	T	E	U	V	L	K	J	H	G	W	Z	U	T	N
C	K	E	Z	M	A	S	D	O	F	G	H	J	M	Ü	E	C	V	I
H	J	I	T	A	R	I	L	G	R	T	Z	U	I	H	L	H	Ä	N
E	H	N	I	U	E	P	G	E	R	T	I	P	O	L	F	S	T	C
R	G	M	M	L	R	U	F	L	M	N	L	I	E	M	V	B	R	H
M	F	A	B	W	T	K	M	E	N	S	C	H	K	A	M	W	F	E
A	D	R	N	U	Z	L	R	I	J	H	G	F	D	U	B	E	V	N
U	S	D	H	R	U	J	F	E	L	D	M	A	U	S	V	U	B	C
S	R	E	O	F	I	H	G	R	E	I	F	V	Ö	G	E	L	N	D
T	U	R	P	L	O	G	W	A	S	D	F	G	H	J	H	E	M	S
R	P	Z	R	I	N	S	E	K	T	E	N	C	V	R	A	T	T	E

Seite 27

Aufgabe 3:

Name	Hermelin
Weitere Namen	Großes Wiesel, Kurzschwanzwiesel
Familie	Marder (Raubtiere)
Lebensraum	„unordentliche", ungemähte Wiesen oder auch Wälder mit einem Bächlein und vielen Verstecken wie z.B. Steinhaufen oder Hecken
Aussehen	langgestreckter Körper, kurze Beine, schwarze Schwanzspitze, Sommerfell: braun mit weißer Unterseite, Länge insgesamt: ca. 45 cm (also etwa ein halber Meter)
Nahrung	Vogeleier, Wühlmaus, Schermaus, Feldmaus, Ratte, Kaninchen, Insekten, Maulwurf
Feinde	Graureiher, Storch, Mensch, Steinmarder, Greifvögel, Dachs, Fuchs, Eule
Besonderheiten	Das Hermelin wechselt die Fellfarbe, im Winter ist das Fell weiß.

Lösungen

Seite 28

Aufgabe 4: *Lückentext*

Hermeline sind im Winter stets in der **Dämmerung** und nachts unterwegs. Nur im **Sommer** sind sie gelegentlich auch mal tagsüber aktiv.

In warmen Gebieten ist das **Fell** der Hermeline das ganze Jahr über braun-weiß. Im kalten **Norden** aber tragen sie immerzu ihr weißes **Winterfell**.

Nur in unserem gemäßigten Klima findet zweimal im Jahr ein **Fellwechsel** statt. Das Sommerfell des Hermelins ist **braun** und unten weiß. Das Winterfell ist vollkommen weiß mit Ausnahme der **Schwanzspitze**. Diese bleibt das ganze Jahr über **schwarz**.

Aufgabe 5:

- In kalten Gebieten haben Hermeline immer weißes Fell. In warmen Gebieten sind sie braun-weiß.
- Durch milde Winter wurde das Fell der Hermeline braun oder fleckig.

Seite 29

Aufgabe 6:

	Mauswiesel	**Hermelin**
So wird dieses Tier auch genannt	Zwerg- oder Kleinwiesel (Hermännchen)	Großes Wiesel (Kurzschwanzwiesel)
Zur Größe	kleinstes heimisches Raubtier	zweitkleinstes heimisches Raubtier (ca. 45 cm lang mit Schwanz)
Farbe der Schwanzspitze	braun	schwarz
Farbe des Fells wechselt im Winter	nein (sehr selten)	ja (eher die Regel)

Kapitel V **Klimawandel und Klimaschutz – Ideen zum Klima- und Umweltschutz**

Seite 30

Klimawandel? Was ist das?

Fragen zum Text:

a) Als Klima verstehen wir das durchschnittliche, also normale Wetter an einem Ort über längere Zeit.

b) Ja, das Klima auf der Erde hat sich schon einige Male verändert.

c) Früher veränderte sich das Klima sehr langsam, also über viele Jahrtausende.

d) Heute erleben wir einen Klimawandel, der viel schneller vorangeht.

e) Den größten Anteil am Klimawandel hat der Mensch.

f) Abgase, Abholzung der Regenwälder, Bau von Städten, Tierhaltung

Lösungen

Kapitel V **Klimawandel und Klimaschutz – Ideen zum Klima- und Umweltschutz**

Seite 31 **Tiere in Gefahr**

individuelle Lösungen

Seite 32 **<u>Aufgabe 1</u>:** *Lösungsvorschläge:*

- mit Fahrrad, Bus und Bahn fahren
- in der Wohnung nicht gleichzeitig lüften und heizen
- beim Einkaufen Obst und Gemüse nehmen, das nicht in Plastik eingeschweißt ist
- auf regionale Produkte achten, die nicht von weither eingeflogen werden
- keine Erdbeeren o.ä. im Winter kaufen, sondern nur dann, wenn sie gerade bei uns wachsen

usw.

Tiere in Gefahr

Seite 33

W	I	E	D	E	H	O	P	F	T	N	E	S	T	L	I	N	G	Q
Ä	A	S	G	F	E	T	T	U	P	M	V	S	C	H	N	E	E	R
R	Q	F	J	D	R	A	C	T	L	V	B	C	X	T	F	G	F	E
M	W	L	T	Q	M	C	U	T	L	T	V	A	K	L	I	M	A	N
E	H	E	Y	W	E	M	F	E	L	L	Ä	L	K	J	H	V	H	T
Y	C	D	C	G	L	N	C	R	A	E	R	S	D	I	Z	B	R	Z
H	K	E	S	G	I	B	C	K	A	B	G	A	S	E	U	M	Ö	Ü
I	P	R	F	L	N	F	R	F	T	E	V	H	M	R	B	G	U	K
T	J	M	D	P	I	O	U	Z	T	N	R	W	X	I	W	I	W	U
Z	M	A	U	L	W	U	R	F	Z	S	J	L	T	S	E	Z	G	I
E	T	U	L	W	T	I	F	K	V	R	T	K	Ä	L	T	E	J	R
S	A	S	O	T	T	K	T	A	G	A	X	N	F	D	T	A	S	E
T	Q	W	R	O	J	L	Ä	D	Z	U	G	V	O	G	E	L	S	W
Ä	S	T	L	I	N	G	S	T	J	M	C	U	I	K	R	S	D	Y